A ideologia

A ideologia
Soraya Nour Sckell

FILOSOFIAS: O PRAZER DO PENSAR
Coleção dirigida por
Marilena Chaui e Juvenal Savian Filho

São Paulo 2019

*Copyright © 2019, Editora WMF Martins Fontes Ltda.,
São Paulo, para a presente edição.*

1ª edição *2019*

Edição de texto
Juvenal Savian Filho
Acompanhamento editorial
Helena Guimarães Bittencourt
Revisões gráficas
Letícia Braun
Ana Caperuto
Edição de arte
Katia Harumi Terasaka
Produção gráfica
Geraldo Alves
Paginação
Moacir Katsumi Matsusaki

**Dados Internacionais de Catalogação na Publicação (CIP)
(Câmara Brasileira do Livro, SP, Brasil)**

Sckell, Soraya Nour
A ideologia / Soraya Nour Sckell. – São Paulo : Editora WMF Martins Fontes, 2019. – (Filosofias : o prazer do pensar / dirigida por Marilena Chaui e Juvenal Savian Filho)

ISBN 978-85-469-0177-7

1. Ideologia 2. Ideologia – História 3. I. Chaui, Marilena. II. Savian Filho, Juvenal. III. Título. IV. Série.

17-06807   CDD-140

Índices para catálogo sistemático:
1. Ideologia : Filosofia   140

Todos os direitos desta edição reservados à
Editora WMF Martins Fontes Ltda.
*Rua Prof. Laerte Ramos de Carvalho, 133 01325-030 São Paulo SP Brasil
Tel. (11) 3293-8150 e-mail: info@wmfmartinsfontes.com.br
http://www.wmfmartinsfontes.com.br*

SUMÁRIO

Apresentação • 7
Introdução • 9

1 Da ideologia como doutrina das ideias à ideologia em sentido pejorativo • 15
2 O conceito marxista de ideologia • 22
3 Concepção genérica de ideologia • 36
4 Reconstruções da concepção crítica do conceito de ideologia • 44
5 Conclusão • 54

Ouvindo os textos • 59
Exercitando a reflexão • 68
Dicas de viagem • 70
Leituras recomendadas • 81

APRESENTAÇÃO
Marilena Chaui e Juvenal Savian Filho

O exercício do pensamento é algo muito prazeroso, e é com essa convicção que convidamos você a viajar conosco pelas reflexões de cada um dos volumes da coleção *Filosofias: o prazer do pensar*.

Atualmente, fala-se sempre que os exercícios físicos dão muito prazer. Quando o corpo está bem treinado, ele não apenas se sente bem com os exercícios, mas tem necessidade de continuar a repeti-los sempre. Nossa experiência é a mesma com o pensamento: uma vez habituados a refletir, nossa mente tem prazer em exercitar-se e quer expandir-se sempre mais. E com a vantagem de que o pensamento não é apenas uma atividade mental, mas envolve também o corpo. É o ser humano inteiro que reflete e tem o prazer do pensamento!

Essa é a experiência que desejamos partilhar com nossos leitores. Cada um dos volumes desta coleção foi concebido para auxiliá-lo a exercitar o seu pensar. Os temas foram cuidadosamente selecionados para abordar os tópicos mais importantes da reflexão filosófica atual, sempre conectados com a história do pensamento.

Assim, a coleção destina-se tanto àqueles que desejam iniciar-se nos caminhos das diferentes filosofias como àqueles que já estão habituados a eles e querem continuar o exercício da reflexão. E falamos de "filosofias", no plural, pois não há apenas uma forma de pensamento. Pelo contrário, há um caleidoscópio de cores filosóficas muito diferentes e intensas.

Ao mesmo tempo, esses volumes são também um material rico para o uso de professores e estudantes de Filosofia, pois estão inteiramente de acordo com as orientações curriculares do Ministério da Educação para o Ensino Médio e com as expectativas dos cursos básicos de Filosofia para as faculdades brasileiras. Os autores são especialistas reconhecidos em suas áreas, criativos e perspicazes, inteiramente preparados para os objetivos dessa viagem pelo país multifacetado das filosofias.

Seja bem-vindo e boa viagem!

INTRODUÇÃO

Quando chamamos algo de "ideológico", podemos querer dizer com isso, entre muitas outras coisas, que uma mentira passa por verdade; que uma verdade justifica, de modo abusivo, uma dominação; que uma promessa não cumpre o que promete; que um princípio não se concretiza, ou ainda gera seu contrário, em uma permanente "crise" ou em um mau funcionamento congênito; que um valor subjetivo passa por um fato objetivo; que uma situação particular, um interesse particular, passa por um valor universal, uma vontade geral ou um pacto social; que um momento histórico, ou uma situação empírica generalizada, passa por um dado de validade eterna; que uma construção social passa por natural, normal; que certo modo de pensar, falar, andar, olhar, vestir-se, perceber o mundo à nossa volta, julgar, sentir, agir, viver, ser (modo esse mais ou menos vinculado a um contexto social, econômico, político, cultural, religioso, a uma família, a uma escola, a um local) passa por uma construção autônoma, autêntica, própria, pessoal; que uma moral, uma filosofia, uma estética, uma religião, uma organização política, um sistema jurídico, uma ciência ocultam ou mesmo promovem uma dominação; que a conquista de uma luta de oprimidos passa por um produto da ação emancipadora dos opressores ou de um progresso da humanidade; que uma sociedade dividida passa por uma comunidade homogênea; que ideias passam por fatores determinantes da realidade; que padrões estéticos determinados pela indústria cultural passam pelo critério estético de toda produção artística; que certa sociedade passa pelo mundo ideal, que deve ser preservado tal e qual, deixando seus membros satisfeitos, bem ajustados e passivos; ou ainda que, ao contrário, um mito orienta a ação para a transformação de uma sociedade, em defesa de uma ideia, de uma crença, de um modo de vida inquestionável e em defesa do qual se está disposto a matar e morrer.

Podemos chamar de "ideológica" também a justificação da dominação: de uma visão de mundo, um modo de vida, uma forma de organização política, uma raça, uma nação, uma religião, uma cultura, uma classe social; dos empregadores sobre os empregados, dos ricos sobre os pobres, dos homens sobre as mulheres, dos adultos sobre as crianças e os idosos, dos educadores sobre os educandos, dos nacionais sobre os estrangeiros, dos conquistadores sobre os conquistados, dos dirigentes sobre os dirigidos, de toda forma de desejo e sexualidade reprodutiva sobre as não reprodutivas (homossexuais, bissexuais), da categoria binária homem/mulher sobre outras expressões de gênero, dos saudáveis e "normais" sobre os "deficientes", "incapazes", "doentes", dos "brancos" sobre os "não brancos" (negros, índios, mestiços etc.), da vida urbana sobre a vida do campo, dos incluídos sobre os excluídos, dos que participam sobre os que não participam.

E, quando falamos em "crítica da ideologia", podemos querer dizer que denunciamos mecanismos que constroem tal ideologia, como a ocultação das contradições sociais, a naturalização e a normalização do que é social e historicamente construído, a universalização do que é particular, a "eternização" do que é contingente e histórico, a dominação real, os mecanismos do mercado...

Mas quem chama algo de "ideológico" certamente ouvirá de alguns de seus interlocutores que ele usa esta palavra apenas com intenção polêmica para desqualificar seu adversário; que pretende deter uma verdade metafísica, superior, que costuma ser violentamente implacável com quem a nega, considerando-se imune a ter também uma ideologia, pois só as ideias dos outros, e não as próprias, é que são ideológicas; e, enfim, que tudo é ideologia, ou ainda, que cada um pode pensar e viver como queira – o que calaria qualquer crítica.

Tão grande é a diversidade de sentidos do conceito de ideologia que seria impossível fazer uma síntese ou uma escolha suficientemente representativa dos seus inúmeros usos, cada qual com tantas e inúmeras interpretações e releituras (como numa frutífera "guerra ideológica"!). Por essa razão, este livro limita-se a apresentar alguns momentos decisivos na história do conceito de ideologia, segundo os distintos sentidos que ele adquiriu de acordo com as também distintas análises de ainda distintos fenômenos sociais.

No capítulo 1, apresenta-se a postura filosófica que, durante o século XVIII, chamou a si própria de "ideologia" com o objetivo de elaborar uma ciência das ideias como originadas nos sentidos. Tratava-se, portanto, de uma postura antimetafísica. No capítulo 2, estuda-se o conceito de ideologia construído por Karl Marx (1818-1883), que tinha o intuito de criticar os conceitos universais defendidos pela sociedade burguesa (tais como a liberdade e a igualdade formal ou jurídica diante da ausência de liberdade e igualdade real ou material dos proletários). No capítulo 3, trata-se da reformulação do conceito de ideologia pela sociologia do conhecimento, que generalizou o emprego desse conceito, inspirando concepções pluralistas de "visões de mundo". Por fim, no capítulo 4, investiga-se o uso do conceito de ideologia após Marx para criticar os modos de dominação do Estado e do Direito nas sociedades liberais, o conformismo da vida cotidiana, a indústria cultural, a ficção das homogeneidades coletivas (raças, nações etc.), bem como o totalitarismo fascista e soviético.

Esta reconstrução da história do conceito de ideologia pretende abrir o leque para as mais diversas acepções em que se pode usá-lo e, sobretudo, para a necessidade de se fazer *crítica social* fazendo *crítica da ideologia*.

1. Da ideologia como doutrina das ideias à ideologia em sentido pejorativo

O termo *ideologia* foi utilizado pela primeira vez em 1796, pelo filósofo Antoine Louis Claude Destutt de Tracy (1754-1836), para designar a nova ciência das ideias desenvolvida por ele e seus colegas no Instituto Nacional Francês e na revista *La Décade Philosophique, Littéraire et Politique* [A década filosófica, literária e política] (1794-1804), tendo como precursores os filósofos Étienne Bonnot de Condillac (1715-1780) e John Locke (1632-1704).

A ideologia seria, então, a ciência das ideias ou das percepções, da faculdade de pensar ou de perceber. Segundo Destutt de Tracy, as ideias e as percepções resultariam da análise das sensações (atividade dos sentidos), de modo que a ideologia era, por isso, considerada uma ciência tão exata como as ciências naturais e mesmo como fundamento das demais ciências. Essa nova ciência se dividia em:

1) gramática ou arte de expressar ideias;
2) lógica ou arte de combinar ideias;
3) educação ou arte de ensinar as verdades adquiridas por meio da gramática e da lógica;
4) moral ou arte de identificar regras para a vontade e o agir social, decorrentes das verdades obtidas por meio da gramática e da lógica e ensinadas pela educação.

Como explica Ulrich Dierse no verbete "Ideologia" do *Historisches Wörterbuch der Philosophie* (*Dicionário histórico da filosofia*), dezenas de escritores, filósofos e publicistas franceses da época se filiaram à "Escola dos ideologistas", partilhando os princípios formulados por Destutt de Tracy: o pensar, o sentir e o querer humano dependem de sua existência física. Foi esse conceito de ideologia que se inseriu nos léxicos do início do século XIX depois da invenção do termo *ideologia* pelo filósofo francês.

Os ideologistas tiveram enorme influência no ensino da França Revolucionária e no estabelecimento das *Écoles normales* (Escolas normais), tornando-se também conhecidos fora da França. A doutrina denominada "Ideologia" fazia parte dos planos de estudo. Nos Estados Unidos, por exemplo, Thomas Jefferson (1743--1826), correspondente de Destutt de Tracy, procurou difundir a obra de Tracy, interessado menos nos princípios abstratos dos ideologistas do que em suas posições quanto à economia política e à doutrina do Estado.

Entretanto, como analisa Dierse, o caráter arreligioso e empírico da ideologia de Destutt de Tracy, marcado pelo ambiente filosófico do Iluminismo ou Esclarecimento, assim como suas intenções prático--normativas e pedagógicas, colidia com os objetivos de Napoleão Bonaparte (1769-1821). Após o Golpe do 18 Brumário, Napoleão se aliou cada vez mais à Igreja, à qual se opunham os ideologistas. De início, Napoleão tinha sido adepto dos ideologistas e frequentava, como eles, o *salon* de Madame Helvétius (1722-1800), em Auteuil, e era membro do Instituto Nacional Francês, procurando difundir a ideologia no Egito durante sua campanha naquele país (fundou, por exemplo, o Instituto do Egito, no Cairo, que publicava a revista *La Décade Egyptienne, Journal Littéraire et d'Économie Politique* [A década egípcia. Jornal literário e de economia política]).

Ao se tornar cônsul, após ter sido saudado pelos ideologistas, foi severamente criticado por eles, e passou então a combater sua doutrina. Fechou a revista *Década*, dissolveu a classe "Ciências políticas e morais" do Instituto, separou a gramática da ideologia no Collège de France. Chamou os ideologistas de "metafísicos e fanáticos", taxando sua doutrina de "tenebrosa metafísica", "loucura metafísica e ideológica", "suposições insensatas de doze ou quinze metafísicos", "discurso que eles próprios julgam pérfido, mas que é apenas ridículo", "causa de todos os males". Napoleão culpa os ideologistas de terem proclamado a insurreição como dever, o povo como detentor de uma soberania que ele seria incapaz de exercer, de terem destruído a santidade das leis, fazendo-as depender da vontade de uma Assembleia. No dizer de Napoleão, os ideologistas pretendiam fundar uma ordem social melhor e as leis dos povos apenas a partir de fundamentos racionais, especulações estranhas à realidade, teorias abstratas sem consequências políticas, em vez de buscar as leis "no coração humano e nas lições da História".

Napoleão, prossegue Dierse, criticou o escritor político Emmanuel Joseph Sieyès (1748-1836) e denunciou o oportunismo dos ideologistas ligados a Maximilien de Robespierre (1758-1794) e ao Diretório (forma de governo adotada pela Primeira República Francesa de 1795 a 1799), chamou de *ideologia* tanto os "nobres ditirambos espiritualistas" da romancista e ensaísta francesa Madame de Staël (1766-1817) como as "análises mesquinhas e equívocas" de Étienne de Condillac. Napoleão deu assim um sentido pejorativo ao termo *ideologia*, considerando "ideia" não uma representação adquirida pelos sentidos, mas uma teoria desvinculada da realidade e da práxis. Com esse significado, ele passa a servir-se do termo contra todas as teorias filosóficas que queriam ter validade prática.

Os ideologistas, analisa Dierse, foram também atacados tanto pelos que defendiam a ordem social tradicional (por serem ateístas e por se terem afastado da "verdadeira metafísica") como pelos que defendiam uma práxis política não decorrente de princípios teóricos. Na Alemanha, por exemplo, difamavam-se como "ideologistas" todos os que defendiam valores inspirados nos princípios dos Direitos Humanos e da Revolução Francesa (a democracia, a Constituição, a soberania popular, a emancipação dos judeus etc.) e que não consideravam a realidade das relações políticas ou, como dizia o conservador Otto Theodor von Manteufell (1805-1882), que "batiam com a cabeça contra a parede".

Acusados de se aterem apenas a ideias e princípios e de não olharem para a realidade, os ideologistas, analisa Dierse, respondem afirmando a intrínseca relação entre *teoria* e *práxis*: toda ação se fundamenta em uma ideia; e a Política se funda em ideias como "liberdade", "razão", "esclarecimento". Na Alemanha, os defensores da ideologia, considerada como filosofia da determinação de si próprio e da liberdade do espírito, dizem que esta se tornou então "um poder popular" e "vingou-se" de Napoleão Bonaparte, expulsando-o da Alemanha e destruindo "sua ideologia", a "loucura" de uma monarquia universal: "nós, filisteus, sonhadores, ideologistas, nos deixamos repreender por franceses e alemães afrancesados. Fomos chamados de ideologistas por um grande francês que não desconfiou de que o que nos torna tais é o que lhe falta para ser um grande homem: a força do pensamento, uma força que não é tão momentânea e reluzente como a do Império, mas que é firme e poderosa para o futuro" (Friedrich Rohmer, *Morgen-*

blatt für gebildete Stände [Páginas Matinais], n.º 112, 11.05.1835).

Mas os ideologistas também foram criticados por razões diferentes das razões de Napoleão e dos conservadores. O alemão Ferdinand Lassale (1825-1864), um dos mentores intelectuais do movimento operário alemão em sua fase inicial, criticou os ideologistas por exigirem a liberdade política como se esta fosse desvinculada de interesses materiais e de classe. Contudo, como veremos no próximo capítulo deste livro, será outro líder do movimento operário alemão que dará um novo sentido ao termo *ideologia*, formulando com esse conceito questões absolutamente inéditas na História da Filosofia: Karl Marx.

2. O conceito marxista de ideologia

O filósofo Karl Marx (1818-1883), junto do teórico revolucionário Friedrich Engels (1820-1895), parte do conceito de ideologia tal como utilizado por Napoleão Bonaparte e pelos publicistas da época, mas dá a esse conceito diversos sentidos ao longo de sua obra, tendo em vista a crítica a conceitos universais tais como "liberdade" e "igualdade".

Na obra *A ideologia alemã* (1845-1846), Marx e Engels consideram que ideologia é crer que ideias, representações, pensamentos, princípios e conceitos constituem, produzem, determinam e dominam a vida real dos indivíduos. Em outras palavras, ideologia é acreditar que tirar ideias da cabeça, "tomar consciência", criticar ideias falsas, crenças, quimeras, seres imaginários e ilusões, opor ideias a outras ideias, princípios a princípios, conceitos a conceitos, são práticas que transformam a realidade. Ideologia é também acreditar que o Direito, a Política, a Moral, a Religião e a Metafísica são produtos do pensamento, aos quais se pode, a partir meramente do mundo das ideias, conceber e opor outro Direito, outra Política, outra Moral, outra Religião e outra Metafísica.

Ideologia, também, é falar do "ser humano" em um elevado grau de generalidade, e não de pessoas concretas, que têm fome, cansaço, doenças; é falar do "ser humano" como autor da História, e não dos indivíduos que se revoltam contra a opressão; é falar em "interesse geral", e não em interesses particulares que estão em conflito entre si; é falar em liberdade e em igualdade ou em Direitos Humanos apenas como ideais formalmente consagrados e correspondentes a um estatuto jurídico e político do trabalhador, ignorando que tal igualdade formal e tal liberdade formal do trabalhador são os princípios promotores da desigualdade material e das coerções às quais o trabalhador é submetido.

No entanto, observam Marx e Engels, ninguém se lembrou de perguntar pela relação entre esses ideais e a realidade que pretendem combater.

Assim, em *A ideologia alemã*, os pensadores analisam historicamente a *produção* dos meios de subsistência: toda atividade de formação e transformação da Natureza, do próprio ser humano, constituindo seu ser e sua história. O fio condutor é a *divisão de trabalho*. Cada etapa da divisão de trabalho caracteriza certo modo de produção e de troca, que, por sua vez, implica uma forma histórica de apropriação e de propriedade. A divisão de trabalho é, portanto, o princípio de constituição dos grupos sociais. O ser humano é compreendido não como algo que possui uma "essência" imutável, mas como sujeito de uma atividade prática, de um trabalho.

Antes de se tornar uma estrutura autônoma de produção, a ideologia também é produzida. A crítica à ideologia é necessária para se conhecer a História como desenvolvimento da produção, porque a ideologia se autonomiza e nega que as ideias têm uma origem. A filosofia moderna identificou o universal com os princípios da Declaração dos Direitos do Homem e do Cidadão, mas na sociedade burguesa não reina nem a liberdade nem a igualdade, e muito menos a fraternidade. Como analisa o filósofo Étienne Balibar (1942-), enquanto intelectuais e filósofos liberais racionalistas pensam em como, a partir desses princípios, educar as "massas" e representá-las – excluindo-as de uma verdadeira participação democrática –, os proletários *já* estão fazendo a revolução. Proletários são artesãos, tecelões, os miseráveis das cidades, que não vivem de acordo com os princípios e valores burgueses, que se opõem ao Estado e à classe dominante, ameaçando a ordem burguesa com greves, coalisões, insurreições. O comunismo não é o ideal de um Estado a ser implementado, mas sim esse movimento real que anula as condições vigentes.

A questão dos universais se explica pela divisão de classes. Não se trata de "consciência de classe"; a divisão do trabalho gera a divisão das classes sociais e da consciência. A classe dominante *materialmente* é também dominante *intelectualmente* e pensa na forma do universal.

Ainda segundo Balibar, a ideologia não é, para Marx, como teoria, um *erro* ou uma ilusão (o outro da ciência, conforme um dogmatismo positivista), assim como também não é, como prática, um *consenso* que cimenta a coesão de um grupo ou legitima um poder de fato (todo pensamento é ideológico, exprime a identidade de um grupo, conforme um relativismo historicista). Muitos autores após Marx seguiram essas duas vias, como veremos nos capítulos seguintes deste livro. Marx, contudo, não segue nem uma via nem outra. Antes, ele considera que todo enunciado deve ser remetido às condições histórico-políticas de sua elaboração.

Marx, tal como analisa Balibar, evita também duas outras ideias – muito presentes na filosofia do Iluminismo, ou Esclarecimento – para explicar como a religião legitimava o despotismo: a de que a ideologia se explica pela ignorância das massas ou pela fraqueza da natureza humana, que não teria acesso à verdade; e a de que a ideologia se explica pela inculcação, pela manipulação deliberada dos dominantes, que seriam como que dotados de um "superpoder".

A original explicação de Marx, ao contrário, é a divisão do trabalho manual e do trabalho intelectual. Essa divisão acompanha toda a história da divisão do trabalho e se dá no registro do conhecimento, da organização e do poder; é ela que explica o processo de dominação. A eliminação da diferença entre trabalho manual ou intelectual será, para muitos seguidores de Marx, um objetivo fundamental.

A divisão entre trabalho manual e intelectual vai se formando em sucessivas civilizações. Baseada na diferença entre os sexos, na diferença de força física entre os indivíduos do mesmo sexo, na diferença entre a vida rural e a vida urbana, entre os comerciantes e os produtores, e assim por diante, a divisão do trabalho atinge seu patamar superior na divisão entre trabalho manual e intelectual. Os "intelectuais" especializados (professores, publicistas, administradores etc.) tornam-se instrumentos de uma desigualdade permanente, uma hierarquia institucional dos dominantes e dos dominados no trabalho, nas trocas, na comunicação, em toda forma de associação. São eles que pensam na forma do universal.

O conceito marxista de ideologia tem em vista, como já dissemos, conceitos universais. Por exemplo, uma característica nacional ou social é idealizada como uma universalidade ou realidade universal. A ideologia representa o Estado, confrontado com a divisão do trabalho e com a ausência de comunidade entre os indivíduos, como uma comunidade fictícia e unitária, e a lei entendida como algo produzido pelo livre-arbítrio. As formas ideológicas de consciência mantêm a "aparência de autonomia" enquanto não se vê sua relação com a vida material das pessoas. Como diz Marx, a partir de homens e mulheres reais e de seu processo de vida real mostra-se o desenvolvimento do reflexo e do eco ideológicos desse processo de vida.

Nos *Manuscritos econômico-filosóficos*, de 1844, e em *Sobre a questão judaica*, de 1843, analisa Balibar, Marx critica a abstração metafísica da Declaração dos Direitos do Homem e do Cidadão, direitos que parecem existir desde sempre e valer para todas as sociedades. Ainda, Marx critica o caráter burguês da concepção de "homem universal" da declaração, a qual funda a propriedade privada e exclui a solidariedade social. Os "direitos do homem", separados dos "direitos do cidadão", expressam a divisão entre, de um lado, a realidade das desigualdades e, do outro lado, a ficção da comunidade.

A ideologia dos "direitos do Homem" e dos "direitos do cidadão" produz, então, uma dimensão *universal* que nada mais é do que uma universalização abstrata de uma *situação empírica generalizada*, quer dizer, a transformação de algo não universal (a propriedade privada, a organização política contingente do Estado) em algo universal e estável, como se fosse válido para todos os tempos e lugares. Dessa perspectiva, a ideologia legitima *interesses particulares* apresentando-os como *universais*.

A ideologia, assim, embora operando no que há de mais real, tem uma dimensão *abstrata* que mascara sua gênese histórica. Disso decorre a ilusão de que o espírito ou as ideias fazem a História, bem como a representação de processos socioeconômicos, historicamente construídos, como se fossem dados naturais. A crítica da ideologia tem por alvo a universalização e a abstração: trata-se de tornar visível que o que se apresenta como universal é uma situação empírica generalizada ou um interesse particular, explicitando a gênese histórica do que se apresenta abstratamente.

Em outras formulações, como analisa Reinhard Romberg no verbete "Ideologia" do *Historisches Wörterbuch der Philosophie* (*Dicionário histórico da filosofia*), Marx também critica os conceitos universais, mas de outra perspectiva, e utiliza o conceito de ideologia em outro sentido, ao qual faltam algumas das características evocadas em *A ideologia alemã*. No prefácio da *Crítica da economia política* (1859) e na obra *Fundamentos para a crítica da economia política* (1857-1858), também conhecida como *Grundrisse*, a ideologia não é definida como ideologia de classe, nem como um interesse particular apresentado como universal, nem como a consciência condicionada pelo nível de desenvolvimento e de conhecimento. Marx, analisa Balibar, identifica a equação entre a igualdade e a liberdade, cerne da ideologia dos direitos humanos, com a circulação das mercadorias e do dinheiro, sua base real. Cada indivíduo se apresenta no mercado como portador do universal – com poder de compra, sem "qualidade especial", independente do *status* social e do patrimônio. Marx descreve a "estrutura econômica da sociedade" como a base real sobre a qual se ergue uma superestrutura jurídica e política, e à qual correspondem determinadas formas de consciência social. Superestrutura e formas de consciência são definidas como o processo social, político e intelectual por excelência. Essas formas correspondem à base real, e se tornam ideológicas devido às contradições entre a superestrutura e a base. Formas ideológicas são formas da superestrutura nas quais se apresenta necessariamente o conflito social.

É nesse sentido, analisa Balibar, que Marx vai desenvolver sua crítica ao Direito na sua obra mais conhecida, *O capital* (1867). Ele analisa a relação entre a forma de circulação e o "sistema da liberdade e da igualdade", *propriedades* atribuídas pelo Direito a indivíduos: existe a propriedade de ser proprietário, exigida pela circulação de mercadorias, e a propriedade das trocas "entre equivalentes", universalizadas como expressão da essência humana. O reconhecimento desses direitos corresponde à extensão universal das trocas mercantis. Marx chama a esse fenômeno *fetichismo*, que remete a uma "mercantilização" generalizada das atividades sociais. É uma forma de sujeição no processo da troca. A mercadoria se exprime tanto pela equivalência medida, formalizada pelo dinheiro, como pela obrigação contratual, formalizada pela lei.

O que interessa a Marx, analisa Balibar, são as contradições dessa forma de universalidade. Na esfera da produção, na qual os trabalhadores estão sob contrato como vendedores livres de seu trabalho, ela expressa uma relação de poder, que decompõe o coletivo de trabalhadores em uma justaposição de indivíduos. O capital parece mover-se de forma independente dos indivíduos. A vontade, assim como a utilidade social de cada trabalho específico, são anuladas. A contradição é que os direitos humanos mascaram a exploração e, ao mesmo tempo, expressam a luta dos explorados.

Balibar mostra que Marx, com os conceitos de ideologia e de fetichismo, analisa três coisas em comum:

– a contradição interna ao capitalismo entre, de um lado, a condição de isolamento dos indivíduos pela divisão do trabalho e pela concorrência, e, de outro lado, os universais abstratos do pensamento burguês, entre os quais os universais jurídicos, como a liberdade;

– a contradição interna ao capitalismo entre, de um lado, a universalidade prática dos indivíduos, ou seja, a multiplicidade de relações sociais e oportunidades para expandir suas atividades e capacidades, e, de outro lado, a universalidade teórica do conceito de pessoa, ou seja, a concepção dos indivíduos como representantes intercambiáveis, substituíveis, da mesma espécie;

– a alienação, ou seja, o esquecimento da origem das ideias ou dos universais, que implica uma inversão da relação real entre a individualidade e a comunidade. A divisão de uma comunidade real de indivíduos é acompanhada pela projeção da relação social em uma coisa exterior. Na teoria da ideologia, essa coisa exterior é uma representação abstrata, como a Liberdade, a

Justiça, a Humanidade e o Direito. Na teoria do fetichismo, essa coisa é uma materialidade que parece natural, como a mercadoria ou o dinheiro.

As teorias da ideologia e do fetichismo, na análise de Balibar, se pressupõem, mas analisam problemas sociais distintos. Quanto ao trabalho e à produção, a teoria da ideologia analisa o esquecimento das condições materiais de produção, que se tornam uma "criação livre". A distinção entre o trabalho manual e o trabalho intelectual, ou a diferença intelectual, é o mecanismo pelo qual se reproduz e se legitima uma dominação ideológica de classe, que depende principalmente da construção intelectual burguesa dos universais, como os universais jurídicos. A teoria do fetichismo, por sua vez, analisa como a produção é subordinada ao valor de troca. Central nesse processo é a correspondência entre os conceitos econômicos e jurídicos de igualdade e liberdade: a forma igualitária de troca e o contrato, a liberdade de comprar e de vender, a liberdade pessoal dos indivíduos.

Quanto à alienação, a teoria da ideologia analisa como a alienação surge a partir da *crença* em valores ideais, como Deus, nação, povo ou mesmo revolução. A teoria do fetichismo, por sua vez, analisa como a alienação surge a partir da *percepção* dos indivíduos sobre o que parece óbvio na *vida cotidiana*: utilidade, preço, comportamento normal, hábitos, direitos reconhecidos.

Quanto ao enfoque teórico resultante, prossegue Balibar, a teoria da ideologia desemboca em uma "Teoria do Estado" e de seu modo de dominação, como o Direito. Essa "Teoria do Estado" resulta sobretudo do confronto de Marx com a análise hegeliana da hegemonia do Estado sobre a sociedade e será reencontrada nas teorias de Antonio Gramsci (1891-1937) sobre os intelectuais orgânicos, nas teorias de Louis Althusser (1918-1990) sobre os aparelhos ideológicos de Estado e nas teorias de Pierre Bourdieu (1930-2002) sobre o Estado e a violência simbólica. A teoria do fetichismo, por sua vez, resulta em uma "Teoria do mercado" e do modo de formação de sujeitos e objetos em uma sociedade organizada como mercado, na qual as categorias mercantis equivalem às categorias jurídicas que as legitimam. Esta "Teoria do mercado" resulta sobretudo do confronto de Marx com Adam Smith (1723-1790) e David Ricardo (1772-1823) e irá inspirar as teorias jurídicas de Evgeni Pasukanis (1891-1937) e Jean-

-Joseph Goux (1943-), assim como as fenomenologias da vida cotidiana controlada pelo mercado ou pelo valor, como a Teoria Crítica e as filosofias de Henri Lefebvre (1901-1991), Guy Debord (1931-1994) e Agnes Heller (1929-).

3. Concepção genérica de ideologia

O conceito de ideologia, tal como construído por Marx, foi generalizado por vários autores para designar qualquer orientação teórica. Toda visão de mundo e toda pretensão de verdade seria considerada ideológica. Tratar-se-ia assim, como explica Dierse, de seguir outros critérios para distinguir as visões de mundo, tais como a legitimidade ou a ilegitimidade, uma estrutura aberta ou fechada, congruência ou incongruência, alto ou baixo valor funcional, efetividade ou não efetividade etc.

Na tradição marxista, essa generalização do conceito de ideologia foi feita por Vladimir Ilitch Lênin (1870-1924), que dela se serviu como orientação teórica em geral. O socialismo científico, expressão teórica do movimento proletário, produziria uma "ideologia socialista" legítima e oposta à "ideologia burguesa", ilegítima e vinculada à base econômica.

O pensador e político húngaro Pál Szende (1879--1934), por sua vez, empregou o conceito de ideologia para designar qualquer conceito, teoria ou sistema científico, distinguindo as "ideologias revolucionárias" e as "ideologias conservadoras". Ambas se encontram numa "luta das ideologias", em que as "ideologias revolucionárias" também estabelecem novas formas de dominação. O marxismo também é considerado uma ideologia, por expressar a situação e o interesse de uma classe, e é associado a uma revolução coletiva do proletariado.

A generalização mais influente do conceito de ideologia foi a elaborada pelo sociólogo Karl Mannheim (1893-1947), que exacerbou a ideia segundo a qual toda verdade histórica é finita e contextual, transformando-a em um "conceito total de ideologia". Segundo Mannheim, o marxismo descobriu que a consciência de seus adversários estava ligada à classe social deles, mas não viu sua própria ideologia. As ideologias de uma sociedade em certa época são relacionadas aos grupos sociais que as sustentam. Assim como todo pensamento está inscrito em uma realidade, toda visão de mundo está também inscrita em uma ideologia.

Mannheim recorre à distinção entre ideologia estrutural e ideologia funcional: a ideologia estrutural estabiliza o contexto social existente, enquanto a ideologia funcional orienta a práxis para transformar a realidade existente. A ideologia funcional se assemelha assim à utopia, pois ambas têm por conteúdo algo que não existe. A utopia, no entanto, pode ser realizada no futuro, o que só se pode verificar posteriormente. Já a ideologia não tem consequência histórica. O critério para distinguir as ideologias das utopias é a "não congruência", é a sua inadequação ao processo histórico. Mannheim pretende, assim, transformar a teoria filosófica da ideologia em uma sociologia do conhecimento, que generaliza a ideia de todo conhecimento como algo ideológico. Isso tem uma importante consequência para a própria concepção de ciência: enquanto alguns autores consideram que a ciência dispõe de controles objetivos para afastar suposições não científicas e ideologias, autores inspirados na sociologia do conhecimento consideram que parece não haver uma medida absoluta de objetividade para a ciência que pudesse transcender suas condições sociais e históricas.

Tal neutralização e generalização do conceito de ideologia predominou também em vários autores da *sociologia americana* e da *teoria política americana*. Ideologia, para muitos destes autores, analisa Dierse, é qualquer sistema de ideias, crenças, opiniões, conhecimentos, significados, regras de vida, atitudes e valores, sustentado pelos membros de uma coletividade no tocante a temas político-sociais ou convicções individuais, sistema esse que legitima, racionaliza, dá razões objetivas para as escolhas feitas, permite julgar a própria ação como correta – e a dos outros como incorreta ou falsa –, que interpreta a situação atual da coletividade, justifica essa situação ou apresenta os meios e objetivos para sua transformação. A ideologia, para Talcott Parsons (1902-1979), por exemplo, constitui nossa relação com o mundo e orienta a compreensão de nós mesmos, de nossas condições sociais e das condições sociais do mundo, bem como nosso comportamento ou nossa maneira de agir nessas condições. Também é nesse sentido que Willard van Orman Quine (1908-2000) define que tudo o que for formulado na linguagem da teoria e dos símbolos é ideologia, que se contrapõe à ontologia, o domínio do que existe. Além disso, à medida que os membros de uma coletividade se vinculam a uma ideologia, eles se integram entre si. A ideologia, como considera Clifford Geertz (1926--2006), possibilita ao indivíduo a identificação com o grupo e sua visão de mundo, sendo meio e instrumento de socialização, de coesão de um grupo sociopolítico, de estabilização do comportamento social, de consistência da ação coletiva e de criação de uma consciência coletiva. O vínculo emocional é fundamental. A identificação emocional-afetiva com as suposições cognitivas e valorativas da ideologia condicionam a percepção de uma situação social.

Quando a ideologia é considerada em um sentido genérico e neutro, analisa Dierse, ela não é definida por ter um conteúdo falso ou verdadeiro, mas por sua "função social", pela manutenção dos valores necessários para que o grupo possa agir de modo eficiente, como pensava Leszek Kolakowski (1927-2009). A ideologia, assim como considera Niklas Luhmann (1927--1998), é um sistema de valores e regula quais consequências devem ser buscadas ou evitadas e quais consequências não intencionadas são ou não toleráveis. Tal determinação valorativa limita e dá visibilidade às possibilidades de ação. Pensar que uma ideologia deve ser destruída pela crítica é, segundo Luhmann, medi-la em sua dimensão ética e cognitiva de modo equivocado, guiando-se pelas concepções tradicionais de verdade e ignorando seu valor funcional.

Também nessa identificação da ideologia com visão de mundo, alguns autores consideram que, ao contrário de uma ciência sem interesse pela prática, a ideologia pode conter um objetivo político, que deve orientar a ação política. A ideologia tem assim caráter prescritivo e programático; é um sistema de ideias que orienta a ação para um fim mítico ou utópico. É nesse sentido que Hans Morgenthau (1904-1980) considera que a ideologia não tem por finalidade o conhecimento, mas sim a condução da ação para uma utopia. Portanto, seu valor não consiste na verdade que ela expressa, e sim na sua efetividade política: a ideologia, nesse sentido, pode ter um significado positivo, pois a democracia pode ser considerada também uma ideologia que orienta a ação política.

Em um sentido mais crítico, alguns autores do pragmatismo norte-americano distinguem entre ideologia e visões de mundo mais abertas, considerando ideologia a visão de mundo que se caracteriza por uma estrutura cognitiva fechada, com elementos fixos e não flexíveis, além de elementos afetivos fortes.

Em uma crítica mais contundente, muitos autores rejeitam a noção de uma "ideologia total", frequentemente em nome da distinção entre ideologia e verdade. Max Horkheimer (1895-1973) considera que a concepção de ideologia elaborada por Mannheim perde uma das concepções mais frutíferas da tradição materialista: o conceito de ideologia de Marx, escreve ele em sua coletânea de aforismos, *Crepúsculo*, publicada sob pseudônimo, é a mina explosiva subterrânea contra o edifício de mentiras da ciência oficial. Contudo, o conceito de ideologia foi reformulado como relatividade do conhecimento, como historicidade da ciência do espírito, e assim por diante, perdendo sua periculosidade. Se tudo é ideologia, não há mais verdade a partir da qual se possa criticar o "falso".

Horkheimer insiste, então, que se mantenha o conceito de ideologia como oposição à verdade. Ideologia, no seu dizer, é instrumentalização da verdade, uso da verdade como instrumento de poder, o que é possível quando se considera a verdade a-histórica e desde sempre acessível em uma abstração. A verdade, para Horkheimer, só pode ser compreendida historicamente: a práxis precisa se orientar por uma teoria que seja uma análise crítica da realidade histórica.

4. Reconstruções da concepção crítica do conceito de ideologia

O capítulo anterior encerrou-se por uma menção a Horkheimer, que critica a sociologia do conhecimento e preserva, entre as muitas variantes marxistas do conceito de "ideologia", uma das mais fundamentais: a que aceita a possibilidade de uma universalidade não ideológica, de uma verdade construída historicamente e a partir da qual a crítica é possível. Essa variante, como explica Romberg, pode ser encontrada em três vertentes distintas do marxismo: a de Georg Lukács (1885-1971), a de Ernst Bloch (1885-1977) e a do austromarxismo ou marxismo austríaco, representado por autores como Karl Kautsky (1854-1938), Otto Bauer (1881-1938), Victor Adler (1852-1918) e seus filhos Friedrich Adler (1879-1960) e Max Adler (1873-1937).

Lukács concebe a ideologia como um momento da totalidade histórica: a totalidade condiciona a ideologia ao mesmo tempo que, vice-versa, a ideologia atua sobre essa totalidade, reproduzindo-a. A realidade objetiva não pode ser alterada pela consciência subjetiva. Há uma "impossibilidade objetiva" de atuar na História pela ação consciente. A ideologia só desaparece quando a realidade se estrutura de modo racional, possibilitando assim a mudança da consciência e a "possibilidade objetiva" de uma universalidade não ideológica.

Bloch, por sua vez, considera que a ideologia contém um elemento de utopia: os conteúdos ainda irracionais são dialéticos, permitindo, ao mesmo tempo, o engodo que justifica a dominação, mas também a reação contra a dominação.

Já para o austromarxismo, que entende o marxismo como ciência, a crítica da ideologia é feita pelo conhecimento da História e de sua causalidade, assim como pela crítica à hipostasiação de conceitos e absolutização não justificada de condições históricas. A ideologia é superada quando se conhece a causalidade histórica. Na contrapartida, quando a História não é mais vista como produto da ação humana, recorre-se ao formalismo ético, que é, por isso, ideológico.

Os trabalhos de Horkheimer, Lukács, Bloch e do austromarxismo podem ser vistos como uma reconstrução da concepção crítica de ideologia. Dois outros tipos de reconstrução crítica serão aqui evocados: aquele que vê na ideologia uma forma de dominação do Estado sobre a sociedade civil; e aquele que vê a ação da ideologia na vida cotidiana. Com efeito, como já foi lembrado aqui, a teoria de *A ideologia alemã*, de Karl Marx, resultou sobretudo em teorias sobre o Estado e sobre a dominação do Estado na sociedade. Sua análise do fetichismo, por sua vez, resultou em análises do Direito e da vida cotidiana baseadas na consideração da mercantilização dos indivíduos. São essas duas linhas analíticas que guiarão as duas classificações que seguem.

4.1. A ideologia como forma de dominação do Estado sobre a sociedade civil

Entre as teorias do Estado e de sua dominação sobre a sociedade, duas das mais influentes são a de Antonio Gramsci e a de Louis Althusser, que reelaboraram os conceitos de *base* e *estrutura*. Gramsci, perguntando-se por que as classes subalternas se submetem à hegemonia burguesa e se tornam instrumento do fascismo, considera que entre a base econômica e o Estado há uma sociedade civil, instituições culturais como as igrejas, a escola, os meios de opinião pública e as corporações (sindicatos e partidos). Por meio dos intelectuais, a classe dominante afirma sua hegemonia cultural, e os oprimidos são integrados no consenso. Uma nova hegemonia exige, portanto, mais do que a revolução do Estado e da economia.

Althusser, por sua vez, considera que a ideologia não é mera forma de consciência, mas se encontra objetivada nas instituições da sociedade civil e do Estado. Com a noção de aparelhos ideológicos de Estado, ele explica a produção de consentimento e a relativa autonomia da esfera ideológica. O Estado não se resume à função coercitiva, mas se apoia em "aparelhos ideológicos" (família, escola, direito, religião, cultura). A ideologia tem assim uma dimensão institucional. Esses aparelhos legitimam e naturalizam o Estado, complementando a ação de seus "aparelhos repressivos". A ideologia reproduz a relação imaginária dos indivíduos com suas condições sociais de existência. Ela tem um caráter material: as ideias são as ações materiais, inseridas na práxis material, que é regulada por ritos materiais, definidos por um aparelho ideológico material, do qual decorrem as ideias. Ela sobredetermina os indivíduos como sujeitos.

As reflexões materialistas sobre o Direito podem ser entendidas de acordo com a sua inscrição na tradição da teoria da ideologia ou da teoria do fetichismo. Os juristas da primeira geração da Escola de Frankfurt, Franz Neumann (1900-1954) e Otto Kirchheimer (1905--1965), se inscrevem sobretudo na tradição da teoria da ideologia. Analisando como as transformações nas estruturas políticas e econômicas afetam o Direito, esses autores pressupõem que o Estado de Direito surge como uma necessidade da burguesia contra o sistema feudal, a fim de destruir as forças locais particulares, produzindo uma administração e uma jurisprudência unitárias para garantir a liberdade econômica da classe dominante e a calculabilidade do processo de troca em uma economia anárquica de concorrência. A universalidade da lei oculta que ela garante os interesses da burguesia e não ameaça o seu poder nas relações de produção.

4.2. A ideologia na vida cotidiana

4.2.1. Teorias do direito

Enquanto as teorias do direito de Neumann e de Kirchheimer se inscrevem na tradição da teoria da ideologia, as teorias do direito de Jean-Joseph Goux e de Evgeni Pasukanis, como analisa Balibar, se inscrevem na tradição da teoria do fetichismo.

Pasukanis, em sua *Teoria geral do direito*, de 1924, a partir da análise marxista da forma do valor, constrói uma análise simétrica da constituição do "sujeito de direito". O direito privado corresponde à circulação mercantil. As mercadorias aparecem como portadoras de valor; os indivíduos, como portadores de vontade. Ao fetichismo econômico das coisas corresponde o fetichismo jurídico das pessoas. O contrato e a troca se pressupõem.

Jean-Joseph Goux, por sua vez, mostra que a estrutura comum ao fetichismo econômico e ao fetichismo jurídico e moral é a equivalência generalizada que submete as pessoas à circulação dos valores e das obrigações. A individualidade se anula, torna-se, por um lado, objeto ou valor (fetichismo econômico) e, por outro, sujeito ou vontade (fetichismo jurídico). As pessoas, indivíduos reais, em relação de produção com outras pessoas, vestem máscaras jurídicas, e podem ser "trocadas" umas pelas outras.

4.2.2. Teoria crítica

A crítica à ideologia feita por Theodor Adorno (1903-1969) tem por objeto não as abstrações da consciência, mas a totalidade da sociedade. Nas sociedades ocidentais de capitalismo desenvolvido, a ideologia é a adaptação à sociedade de massa mediante os produtos da indústria cultural: cinemas, revistas, jornais, rádio, televisão, *best-sellers*, esporte etc. Qualquer voz discordante, diz Adorno, é objeto de censura; e o adestramento para o conformismo estende-se até as manifestações psíquicas mais sutis.

A concepção de ideologia de Marx foi conjugada com a psicanálise de Sigmund Freud (1856-1939) na teoria crítica ao menos de dois modos distintos: com Erich Fromm (1900-1980) e com Herbert Marcuse (1898--1979). Erich Fromm, na construção de uma síntese do materialismo histórico e da Psicanálise, interpretou o conceito de ideologia a partir da Psicologia social. A tarefa da Psicologia social seria a de explicar as raízes inconscientes das ideologias a partir dos efeitos da Economia na libido. O trabalho psíquico seria análogo ao trabalho social. É pelo trabalho que o ser humano transforma a Natureza; no trabalho social, a Natureza é exterior; no trabalho psíquico, a Natureza é interior ao ser humano. A transformação das pulsões é marcada pela situação socioeconômica do indivíduo ou sua classe.

Autores da tradição psicanalítica, analisa Dierse, utilizam o conceito de ideologia como sistema fechado de ideias e juízos de valor que absolutiza meias verdades, dá uma explicação simplista e totalizante do mundo e funciona como justificação da ação, sendo assim um meio para a construção da personalidade e da identidade. É pela ideologia que o indivíduo constrói a "força do eu", como consolidação de um sistema de valores e normas, assim como um "Eu ideal" que o indivíduo se prescreve. Tal "Eu ideal" controla internamente o indivíduo como se fosse outro a julgá-lo dentro dele mesmo. Pela ideologia se explica não apenas a construção da identidade como também a exclusão dos que não são considerados pertencentes a essa identidade.

Marcuse, por sua vez, analisou a dimensão tecnológica da ideologia. O trabalho sobre a Natureza nas sociedades industriais com alto grau de desenvolvimento é caracterizado, no seu dizer, pela dominação tecnológica e científica. Assim, a consciência ideológica é uma consciência técnico-racional, vinculada à realidade unidimensional do desenvolvimento tecnológico. Totalitarismo não é apenas uma forma estatal ou domínio de um partido, mas também um sistema de produção e distribuição. A dominação da Natureza, legitimada pela funcionalidade tecnológica, tornou-se a medida da dominação em geral da Natureza e do ser humano.

4.3. Crítica ao totalitarismo

Algumas das críticas ao totalitarismo do fascismo e do stalinismo, feitas no período pós-Segunda Guerra, utilizam-se de um conceito de ideologia já muito distinto do conceito marxista. A ideologia, analisa Dierse, passa a ser vista como a pretensão de explicação do processo histórico em que o indivíduo ou "executa" esse processo ou é vítima dele. Tal explicação é algo que vai além de tudo o que é acessível ao conhecimento humano e à ciência; ela se torna então impermeável à crítica, pois tem pretensão à irrefutabilidade, à verdade e à validade absolutas. Como diz Hannah Arendt (1906-1975), a ideologia nos sistemas totalitários faz de uma meia verdade uma única e absoluta verdade, generaliza afirmações que parcial e relativamente têm sentido, distorcendo a realidade.

Esse conceito de ideologia se distingue do marxista porque este último pressupõe o consenso sobre princípios universais, próprio das sociedades liberais. Os fenômenos totalitários (bem como os fundamentalistas) não repousam em consensos em torno de noções universais.

5. Conclusão

A título de conclusão, façamos um exercício de reflexão: tomemos por base os diferentes sentidos da ideologia, tal como apresentados neste livro, voltemos aos conceitos universais e perguntemos se os princípios jurídicos e morais são mera ideologia no sentido de meio de dominação.

Podemos responder que princípios jurídicos e morais não são necessária e essencialmente mera ideologia. Tudo depende das questões: *quem* evoca o princípio universal? Diante de *quem*? Para fazer *o quê*? Por *quais meios*?

Para responder tais questões, é necessário considerar principalmente duas coisas: conceber a liberdade como inseparável da igualdade, o que exige a ampliação da democracia para as desigualdades materiais e sociais, tais como as desigualdades entre homens e mulheres, cidadãos e estrangeiros etc. (tendo em conta "questões de identidade"); considerar que os Direitos Humanos são inseparáveis da cidadania, entendida não como um estatuto jurídico e político, mas como a práxis política dos indivíduos.

Como diz Étienne Balibar, o sentido de uma declaração universal, como a que versa sobre os Direitos Humanos, depende de quem a profere, de a quem ela se dirige e de para que se destina (discursos universalistas podem legitimar a exclusão ou, por ignorar as desigualdades, podem negá-las, assim como discursos particularistas podem ampliar o universalismo). Por isso, devemos examinar as "condições" do universalismo. A dificuldade reside no fato de que o universal só existe em formas historicamente específicas que reivindicam cada qual a universalidade, mas são mutuamente exclusivas. Ainda, devemos levar em conta a dificuldade de qualquer política baseada na afirmação, legitimação e aplicação de princípios. É a partir de princípios legítimos que criticamos aqueles que usam princípios ideologicamente para justificar uma dominação. Isso resulta de uma ambiguidade mais profunda no universal, que foi esclarecida por Balibar pela distinção entre o universal como realidade (a padronização do mundo), o universal como ficção (a atribuição de uma essência homogênea a todos os membros de um grupo) e o universal como idealidade (valores universais de igualdade e liberdade para denunciar todas as formas de discriminação e privação de direitos). O mesmo princípio que legitima a dominação acaba por ser o recurso absoluto contra sua não aplicação e evocação apenas ideológica, consagrando a ordem estabelecida. A violência se mostra, assim, inerente à instituição do universal; não é adicional ou acidental, resultado da fraqueza dos indivíduos ou das instituições que evocam o princípio universalista. O universal se opõe violentamente a seus inimigos, especialmente os inimigos interiores, quando se opera com uma "verdade" que não admite exceção.

No entanto, como pondera Balibar, o uso ideológico dos Direitos Humanos, como o uso ideológico de todos os princípios legais e morais, não significa que eles expressem as ideias da classe dominante. A universalidade dos Direitos Humanos não se baseia em uma essência substancial, mas na contingência da luta das vítimas de desigualdades, que se revoltam em nome de princípios reconhecidos oficialmente, mas negados na práxis. Isso pressupõe uma fusão de liberdade e igualdade, bem como dos Direitos Humanos e dos direitos dos cidadãos. A tradição do direito natural considera os Direitos Humanos anteriores na ordem lógica. No curso histórico, no entanto, o inverso ocorreu: o "incondicional" (a "verdade", um "universal"), como analisa Balibar, tem uma base "condicional" que é "dada" e "conjectural". Além disso, a atividade que a estabelece geralmente é um ato de desobediência civil ou insurreição. A cidadania, antes de se tornar um *status* (com direitos), é principalmente uma atividade política – uma participação que cria direitos.

Essa prática, analisa Balibar, não só cria uma fusão de liberdade e igualdade, mas, principalmente, visa à transformação de determinadas condições de formações sociais – não só as relações de produção, mas todas as formações sociais, incluindo as formas de subjetivação que elas induzem, a produção de "identidades". Contudo, é necessário considerar que os indivíduos e seu modo de viver e pensar não estão presos a uma identidade, nem determinados por condições sociais ou culturais. Muito menos a dominação se explica pela ignorância. A dificuldade é se sentir "empoderado", capaz de ser e pensar diferente, de lutar contra a dominação, de transformar o estado de coisas existente, estado este que, apesar de historicamente construído, tem tal rigidez que nos "aparece" como "coisa" ou "dado natural" (fetiche).

OUVINDO OS TEXTOS

Texto 1. Karl Marx (1818-1883) e Friedrich Engels (1820-1895), *Poder material, divisão do trabalho e ideia de classe*

> Os pensamentos da classe dominante são também, em todas as épocas, os pensamentos dominantes; em outras palavras, a classe que é o poder *material* dominante numa determinada sociedade é também o poder *espiritual* dominante. A classe que dispõe dos meios da produção material dispõe também dos meios da produção intelectual, de tal modo que o pensamento daqueles aos quais são negados os meios de produção intelectual está submetido também à classe dominante. Os pensamentos dominantes nada mais são do que a expressão ideal das relações materiais dominantes; eles são essas relações materiais dominantes consideradas sob forma de ideias, portanto a expressão das relações que fazem de uma classe a classe dominante; em outras palavras, são as

ideias de sua dominação. Os indivíduos que constituem a classe dominante possuem, entre outras coisas, também uma consciência, e consequentemente pensam; na medida em que dominam como classe e determinam uma época histórica em toda a sua extensão, é evidente que esses indivíduos dominam em todos os sentidos e que têm uma posição dominante, entre outras coisas também como seres pensantes, como produtores de ideias, que regulamentam a produção e a distribuição dos pensamentos da sua época; suas ideias são portanto as ideias dominantes da sua época. Tomemos como exemplo uma época e um país em que o poder real, a aristocracia e a burguesia disputam a dominação e onde esta é portanto dividida; vemos que o pensamento dominante é aí a doutrina da divisão de poderes, que é então enunciada como uma "lei eterna".

Reencontramos aqui a divisão do trabalho mencionada antes como uma das forças capitais da história. Ela se manifesta também na classe dominante sob a forma de divisão entre o trabalho intelectual e o trabalho material, de tal modo que teremos duas categorias de indivíduos dentro dessa mesma classe. Uns serão os pensadores dessa classe (os ideólogos ativos, que teorizam e fazem da elaboração da ilusão que essa classe tem de si

mesma sua substância principal), ao passo que os outros terão uma atitude mais passiva e mais receptiva em face desses pensamentos e dessas ilusões, porque eles são na realidade os membros ativos dessa classe e têm menos tempo para alimentar ilusões e ideias sobre suas próprias pessoas [...]. A existência de ideias revolucionárias em uma determinada época já supõe a existência de uma classe revolucionária [...].
Admitamos que, no modo de conceber a marcha da história, as ideias da classe dominante sejam desvinculadas dessa mesma classe dominante e ganhem autonomia. Suponhamos que fiquemos apenas no fato de terem estas ou aquelas ideias dominado em tal época, sem nos preocuparmos com as condições da produção nem com os produtores dessas mesmas ideias, abstraindo-nos portanto dos indivíduos e das circunstâncias mundiais que estão na base dessas ideias. Então poderemos dizer, por exemplo, que no tempo em que imperava a aristocracia imperavam os conceitos de honra, fidelidade etc. e que, no tempo em que dominava a burguesia, imperavam os conceitos de liberdade, igualdade etc. É o que imagina a própria classe dominante em sua totalidade. Essa concepção da história, comum a todos os historiadores, especialmente a partir do sé-

culo XVIII, colidirá necessariamente com o fenômeno de que os pensamentos dominantes serão cada vez mais abstratos, ou seja, assumirão cada vez mais a forma de universalidade. Com efeito, cada nova classe que toma o lugar daquela que dominava antes dela é obrigada, mesmo que seja apenas para atingir seus fins, a representar o seu interesse como sendo o interesse comum de todos os membros da sociedade ou, para exprimir as coisas no plano das ideias: essa classe é obrigada a dar aos seus pensamentos a forma de universalidade e representá-los como sendo os únicos razoáveis, os únicos universalmente válidos. Pelo simples fato de defrontar com uma *classe*, a classe revolucionária se apresenta, de início, não como classe, mas sim como representando a sociedade em geral; aparece como sendo a massa da sociedade diante da única classe dominante.

MARX, K. e ENGELS, F. *A ideologia alemã*. Trad. Luís Cláudio de Castro e Costa. São Paulo: Martins Fontes, 2007, pp. 48-51.

Texto 2. Karl Marx, *Existência e relações de produção*

[...] na produção social da sua existência, os homens estabelecem relações determinadas, necessárias, independentes da sua vontade, relações de produção que correspondem a um determinado grau de desenvolvimento das forças produtivas materiais. O conjunto destas relações de produção constitui a estrutura econômica da sociedade, a base concreta sobre a qual se eleva uma superestrutura jurídica e política e à qual correspondem determinadas formas de consciência social. O modo de produção da vida material condiciona o desenvolvimento da vida social, política e intelectual em geral. Não é a consciência dos homens que determina o seu ser; é o seu ser social que, inversamente, determina a sua consciência. Em certo estágio de desenvolvimento, as forças produtivas materiais da sociedade entram em contradição com as relações de produção existentes ou, o que é a sua expressão jurídica, com as relações de propriedade no seio das quais se tinham movido até então. [...] estas relações transformam-se no seu entrave. Surge então uma época de revolução social. A transformação da base econômica altera, mais ou menos rapidamente, toda a imensa superestrutura. Ao considerar tais transformações é necessário sempre distinguir entre a alteração material – que se pode comprovar de maneira cientificamente rigorosa - das condições econômicas de produção e as formas jurídicas, políticas, religiosas, artísticas ou filosóficas, em resumo, as formas ideológicas pelas quais os homens tomam consciência deste conflito, levando-o às últimas consequências. Assim como não se julga um indivíduo pela ideia que ele faz de si próprio, não se poderá julgar uma tal época de transformação pela mesma consciência de si, é preciso, pelo contrário, explicar esta consciência pelas contradições da vida material, pelo conflito que existe entre as forças produtivas sociais e as relações de produção. Uma organização social nunca desaparece antes que se desenvolvam todas as forças produtivas que ela é capaz de conter; nunca relações de produção novas e superiores se lhe substituem antes que as condições materiais de existência destas relações se produzam no próprio seio da velha sociedade. É por isso que a humanidade só levanta os problemas que é capaz de resolver e assim, numa observação atenta, descobrir-se-á que o próprio problema só surgiu quando as condições materiais para resolvê-lo já existem ou estavam, pelo menos, em via de aparecer. Em um caráter amplo, os modos de produção asiático, antigo, feudal e burguês moderno podem ser qualificados como épocas progressivas da formação econômica da sociedade. As relações de produção burguesas são a última forma contraditória do processo social de produção social, contraditória não no sentido de uma contradição individual, mas de uma contradição que nasce das condições de existência social dos indivíduos. No entanto, as forças produtivas que se desenvolvem no seio da sociedade burguesa criam ao mesmo tempo as condições materiais para resolver esta contradição. Com esta organização social, termina, assim, a Pré-História da sociedade humana.

MARX, K. *Contribuição à crítica da economia política.* Prefácio. Trad. Maria Helena Barreiro Alves. São Paulo: Martins Fontes, 2003, pp. 5-6.

Texto 3. Antonio Gramsci (1891-1937), *Ideologias orgânicas e ideologias arbitrárias*

É necessário, por conseguinte, distinguir entre ideologias historicamente orgânicas, isto é, que são necessárias a uma determinada estrutura, e ideologias arbitrárias, racionalistas, "desejadas". Na medida em que são historicamente necessárias, as ideologias têm uma validade que é validade "psicológica": elas "organizam" as massas humanas, formam o terreno sobre o qual os homens se movimentam, adquirem consciência de sua posição, lutam, etc. Na medida em que são "arbitrárias", elas não criam senão movimentos individuais, polêmicos, etc.

> GRAMSCI, A. *Concepção dialética da história*.
> Trad. Carlos Nelson Coutinho. Rio de Janeiro:
> Civilização Brasileira, 1978, pp. 62-3.

Texto 4. Theodor Adorno (1903-1969), *Ideologia e justificação*

Com efeito, a ideologia é *justificação*. Ela pressupõe, portanto, quer a experiência de uma condição social que se tornou problemática e, como tal, reconhecida, mas que deve ser defendida, quer a ideia de justiça sem a qual essa necessidade apologética não subsistiria e que, por sua vez, baseia-se no modelo de permuta de equivalentes. Em rigor, quando regem relações simples e imediatas de poder, não existe ideologia, num sentido estrito [...]. Por isso, a crítica ideológica, como confronto da ideologia com a sua verdade íntima, só é possível na medida em que a ideologia contiver um elemento de racionalidade, com o qual a crítica se esgote. Assim acontece com as ideias tais como as do liberalismo, individualismo, identidade entre o espírito e a realidade.

> ADORNO, T. W. "Contribuição para a doutrina da ideologia". In: ADORNO, T. e HORKHEIMER, M. *Temas básicos da sociologia*. Trad. Álvaro Cabral. São Paulo: Cultrix, 1973, pp. 191 ss.

EXERCITANDO A REFLEXÃO

1. A seguir, algumas questões que contribuem para a compreensão do itinerário percorrido neste livro:

    1.1. Exponha o sentido original que tinha o termo *ideologia* quando foi empregado por Destutt de Tracy.

    1.2. Exponha o sentido do conflito entre "teoria abstrata", de um lado, e "realidade efetiva", de outro, que levou figuras como Napoleão Bonaparte e Otto Theodor von Manteufell a criticar o conceito original de ideologia.

    1.3. Apresente o conceito marxista de ideologia em suas diferentes fases de formulação.

    1.4. Comente as três coisas que, segundo Étienne Balibar, são esclarecidas pelos conceitos marxistas de ideologia e fetichismo.

1.5. Apresente a ideia genérica de ideologia e dê ao menos três exemplos de uso dessa ideia.

1.6. Apresente e comente a reconstrução do conceito marxista de ideologia feita por Max Horkheimer.

1.7. Sintetize as duas reconstruções do conceito marxista de ideologia: aquela que se refere à dominação da sociedade civil pelo Estado e aquela relativa à vida cotidiana.

2. Praticando a análise de textos

Releia cada um dos textos filosóficos selecionados na seção "Ouvindo os textos" e identifique a tese central de cada um deles. Justifique suas respostas com trechos dos próprios textos.

DICAS DE VIAGEM

1. A ideologia de Destutt de Tracy na literatura

Vários escritores do século XVIII se filiaram à concepção de ideologia de Destutt de Tracy, como Stendhal, na França, ou defenderam os ideologistas no século XIX, como Goethe e Heinrich Heine, na Alemanha.

Stendhal chamou sua obra *Do amor* de "Ensaio de ideologia". O livro se inspira na doutrina da ideologia de Destutt de Tracy para desenvolver uma análise psicológica do amor, um estudo sociológico comparativo do amor e da educação das mulheres em diferentes países e uma teoria da imaginação sensualista, antimetafísica. Goethe observa que, quando uma ideia começa a se realizar, é difícil distingui-la da imaginação e da fantasia; seria por isso que o ideologista causa tanta aversão às pessoas movidas apenas pelo senso prático. Heine, por sua vez, interpreta ironicamente a oposição de Napoleão aos ideologistas a partir de uma dialética da história do mundo: Napoleão, ao oprimir a ideologia francesa, trouxe a revolução para a Alemanha, pondo fim ao Antigo Regime e tornando-se assim o "salvador da ideologia alemã". No dizer de Heine, sem Napoleão, os filósofos teriam sido erradicados pelo enforcamento, junto com suas ideias. As guerras de libertação contra Napoleão permitiram que se desenvolvesse, na Alemanha, uma "ideologia" da liberdade; e os "alemães amantes da liberdade" reconheceram o serviço que Napoleão involuntariamente lhes prestou. Quando ele foi derrotado, ironiza Heine, esses alemães sorriram, mas melancolicamente se calaram.

Para conhecer essas criações literárias em torno da ideologia tracyana, você pode ler as obras *Do amor* (Stendhal), *Máximas e reflexões* (Goethe) e *História da religião e da filosofia na Alemanha* (Heine) em diferentes edições brasileiras.

2. O conceito marxista de ideologia na Literatura

O conceito marxista de ideologia tem até hoje uma imensa influência nas artes, tendo inspirado algumas das mais importantes obras produzidas desde então. Uma forma materialista de crítica à ideologia se encontra na arte que desnaturaliza mecanismos de dominação, apresenta personagens sujeitos ao poder externo ou ao poder internalizado neles próprios, simpatiza com os desfavorecidos e mesmo os "empodera", não se conformando com a realidade, o que leva a uma recusa, a uma luta, inspirando rebeliões, revoltas, revoluções, ou ainda, quando parece não haver saída, conduzindo a um refúgio em uma reminiscência, uma utopia, um sonho.

Na literatura mundial do século XIX, pode-se mencionar novamente Heinrich Heine. Ele, que havia defendido os ideologistas seguidores de Destutt de Tracy, durante seu exílio em Paris tornou-se amigo de seu parente distante, Marx, assim como de Engels, o que influenciou mais ainda sua obra engajada e sua crítica à exploração do trabalho. A revolta dos tecelões da Silésia, em 1844, que Marx analisa como uma exemplar insurreição proletária, é objeto também de um poema de Heine, intitulado *Os tecelões da Silésia*. O poema, que imita ritmicamente o trabalho mecânico do tear dos operários, foi traduzido para o inglês por

Engels e se tornou o hino da Liga dos Comunistas em Londres. Outro poema de Heine, intitulado *O Navio Negreiro* (que estaria rumo ao Rio de Janeiro), inspirou o poema de mesmo título de Castro Alves. Pablo Neruda, no poema *Castro Alves do Brasil*, reverencia o poeta brasileiro por sua luta contra a escravidão: "Cantaste bem. Cantaste como se deve cantar."

OS TECELÕES DA SILÉSIA

Sem uma lágrima no sombrio olhar,
Ei-los sentados, de dentes cerrados, junto ao tear:
Alemanha, a tua mortalha tecemos à mão,
E nela tecemos três vezes maldição –
Ao tear, ao tear!

Maldição ao ídolo a quem de Inverno
Rezámos com frio e fomes de inferno;
Em vão estivemos à espera e com 'sp'rança,
E ele troçou de nós, riu-se da matança –
Ao tear, ao tear!

Maldição ao rei, rei dos ricaços,
Que não abrandaram os nossos cansaços,

Que nos arrancou os últimos vinténs
E nos faz metralhar como a cães –
Ao tear, ao tear!

Maldição à pátria falsa e medonha,
Onde apenas medram o roubo, a vergonha,
Onde cada flor logo em botão se corta,
Onde os vermes se cevam de carne morta!
Ao tear, ao tear!

Voa a lançadeira, estala o tear,
E nós noite e dia a tecer, a suar,
Velha Al'manha, tecemos tua mortalha à mão,
E nela tecemos três vezes maldição.
Ao tear, ao tear!

> HEINE, H. "Os tecelões da Silésia". Trad. Paulo Quintela. In: SCHEIDL, L.; RIBEIRO, A. e AGUIAR DE MELO, I. *Dois séculos de história alemã: sociedade, política e cultura*. Coimbra: Minerva, 1996, p. 123.

Outro exemplo de literatura brasileira engajada do século XIX que pode ser considerada uma crítica materialista à ideologia é o poema narrativo de Cruz e

Souza, *O emparedado*, uma crítica à sociedade, à literatura, à ciência burguesa e racista:

> Um ou outro [escritor] tinha a habilidade quase mecânica de apanhar, de recolher do tempo e do espaço as ideias e os sentimentos que, estando dispersos, formavam a temperatura burguesa do meio, portanto corrente já, e trabalhar algumas páginas, alguns livros, que por trazerem ideias e sentimentos homogêneos dos sentimentos e ideias burguesas, aqueciam, alvoroçavam, atordoavam o ar de aplausos... [...] Se caminhares para a direita baterás e esbarrarás ansioso, aflito, numa parede horrendamente incomensurável de Egoísmos e Preconceitos! Se caminhares para a esquerda, outra parede, de Ciências e Críticas, mais alta do que a primeira, te mergulhará profundamente no espanto! Se caminhares para a frente, ainda nova parede, feita de Despeitos e Impotências, tremenda, de granito, broncamente se elevará ao alto! Se caminhares, enfim, para trás, ah! ainda, uma derradeira parede, fechando tudo, fechando tudo – horrível! – parede de Imbecilidade e Ignorância, te deixará num frio espasmo de terror absoluto...
>
> (CRUZ E SOUZA, J. "O emparedado". In: *Obra completa*. Rio de Janeiro: Nova Aguilar, 2000, pp. 658-73).

Já na literatura mundial do século XX, um dos escritores que mais influenciou a arte engajada e a crítica à ideologia foi Bertolt Brecht. Seu *Romance dos três vinténs* versa sobre a transformação do capitalismo e as novas ideologias que o capitalismo nessa transformação produz, que se estendem por toda a sociedade: na Justiça, na imprensa, na opinião pública, na indústria cinematográfica etc. "O capitalismo", diz Brecht, "é consequente na práxis, porque tem de ser; mas, se ele é consequente na práxis, é inconsequente na ideologia." Esse romance foi publicado após a *Ópera dos três vinténs*, que, por sua vez, inspirou a *Ópera do malandro*, de Chico Buarque, uma das mais importantes obras musicais-dramatúrgicas brasileiras.

Chico Buarque cantou também a "reificação" do ser humano que vive como uma "coisa" ("subiu a construção como se fosse máquina"), que se vê impotente, preso a uma estrutura rígida na qual nada muda ("tudo tomou seu lugar depois que a banda passou"), uma realidade imutável que cala qualquer expectativa, vontade de resistir e mesmo de sonhar ("todo dia eu só penso em poder parar, meio-dia eu só penso em dizer não, depois penso na vida pra levar e me calo com a boca de feijão"; "mas pra que sonhar se dá o desespero de esperar demais"), uma realidade que parece só poder ser revertida pela própria morte ("e flutuou no céu como se fosse príncipe"). Por outro lado, Chico Buarque deu também forma lírica à postura de resistência e constituição de um "eu" empoderado, seja com referencial político ("o refrão que eu faço é pra você saber que eu não vou dar braço pra ninguém torcer"; "ninguém vai me acorrentar, enquanto eu puder cantar", "como vai abafar nosso coro a cantar na sua frente") seja com referencial íntimo ("a moça feia debruçou na janela pensando que a banda tocava pra ela"; "hoje eu arrasei na casa de espelhos").

Na literatura mundial, pode-se mencionar, além de Heine e Brecht, também Gorki, Zola, Saramago, Beckett, Neruda, Bergman, entre muitos outros. No Brasil, além de Castro Alves e Cruz e Souza, pode-se também mencionar: Gregório de Matos (*Triste Bahia*), Machado de Assis (*Teoria do medalhão*), Lima Barreto (*Literatura militante*), Graciliano Ramos (*Vidas secas*), João Cabral de Melo Neto (*Tecendo a manhã*), Thiago de Mello (*Faz escuro mas eu canto*), Carlos Drummond de Andrade (*A flor e a náusea*), Antonio Callado (*Quarup*), Carlos

Heitor Cony (*Pessach, a travessia*), Esdras do Nascimento (*Engenharia do casamento*), Rui Mourão (*Curral dos crucificados*), Ferreira Gullar (*Cabra marcado para morrer*).

No cinema, podem-se mencionar, entre muitos outros, os cineastas Dziga Vertov (*Um homem com uma câmera, Três canções para Lênin*), Aleksandr Dovzhenko (*Terra*), Serguei Eisenstein (*O Encouraçado Potemkin, Outubro*), Charlie Chaplin (*Tempos modernos*), Bernardo Bertolucci (*1900*), Pier Paolo Pasolini (*Teorema, Pocilga*), Jean-Luc Godard (*Socialismo*).

Na MPB, podem-se mencionar, ainda, como exemplos de compositores "engajados" que fizeram crítica à ideologia (em seus mais diversos sentidos), Edu Lobo, João do Vale, Carlos Lyra, Ary Toledo, Heitor dos Prazeres, Sérgio Ricardo, Zé Kéti, Vinícius de Moraes, Geraldo Vandré, Nelson Lins e Barros, Caetano Veloso e Gilberto Gil. Na dramaturgia brasileira, pode-se mencionar o show *Opinião* e, além da peça *Ópera do Malandro*, também peças como *Calabar: o elogio da traição*, de Chico Buarque e Ruy Guerra, e *Gota d'Água*, de Chico Buarque e Paulo Pontes.

3. A ideologia como visão de mundo em geral no rock brasileiro

O conceito de ideologia como visão de mundo em geral aparece no rock brasileiro dos anos 1980 na música *Ideologia*, de Cazuza e Frejat, que expressa, diante de todas as decepções ("meus heróis morreram de overdose, meus inimigos estão no poder"), a falta de uma ideologia, entendida como critério de orientação que possa guiar as opções políticas ("meu partido é um coração partido"), o comportamento individual ("aquele garoto que ia mudar o mundo agora assiste a tudo em cima do muro"), a constituição do próprio eu ("eu vou pagar a conta do analista, pra nunca mais ter que saber quem eu sou") e, enfim, o próprio sentido da vida ("ideologia, eu quero uma pra viver").

4. Crítica à ideologia de regimes totalitários no cinema e na literatura

Inúmeras obras de arte criticam a formação ideológica em Estados totalitários. Podem-se mencionar

O grande ditador, de Charlie Chaplin, *Adeus, Lênin*, de Wolfgang Becker, assim como várias reconstruções da fábula *A roupa nova do rei*, de Hans Christian Andersen.

LEITURAS RECOMENDADAS

BALIBAR, Étienne. *A filosofia de Marx*. Trad. Lucy Magalhães. São Paulo: Zahar, 1995.
O autor sintetiza as questões centrais da filosofia de Marx, bem como a história dessas questões e sua pertinência contemporânea, dando especial ênfase à passagem do conceito de ideologia ao de fetichismo no pensamento de Marx.

BOSI, Alfredo. *Ideologia e contraideologia*. São Paulo: Companhia das Letras, 2010.
O autor analisa diversas formas e concepções de ideologia e contraideologia, como no racionalismo, na sociologia weberiana, na sociologia da cultura, na religião, na esquerda cristã, no liberalismo, na arte, na literatura (Goethe e Machado de Assis).

CENTRO DE ESTUDOS CONTEMPORÂNEOS DA UNIVERSIDADE DE BIRMINGHAN (org.). *Da ideologia*. Trad. Rita Lima. Rio de Janeiro: Zahar, 1983.
Coletânea de vários temas e autores sobre a ideologia.

CHAUI, Marilena. *O que é ideologia*. São Paulo: Brasiliense, 1980.

A autora reconstrói a concepção de ideologia de Marx e Engels e analisa diversas formas contemporâneas de ideologia, entre as quais a ideologia da competência, bem como diversos discursos ideológicos dominantes na sociedade brasileira.

EAGLETON, Terry. *Ideologia: uma introdução*. Trad. Silvana Vieira e Luís Carlos Borges. São Paulo: Unesp/Boitempo, 1997.

O autor reconstrói a história do conceito de ideologia a partir do confronto com autores como Marx, Lukács, Gramsci, Althusser, Adorno, Bourdieu, Habermas, Freud, Nietzsche, Schopenhauer e Sorel.

KONDER, Leandro. *A questão da ideologia*. São Paulo: Companhia das Letras, 2002.

O autor analisa diversas concepções de ideologia, como em Lukács, Adorno, Gramsci, Benjamin, Marcuse, Bakhtin, Foucault, Bourdieu, Habermas, Jameson, e também em brasileiros como Löwy, Schwarz, Chaui e Rouanet.

LÖWI, Michael. *Ideologias e ciência social*. São Paulo: Cortez, 1985.

O autor analisa concepções de ideologia nas ciências sociais em três correntes: positivismo (Condorcet, Saint-

-Simon, Comte, Durkheim, Weber), historicismo (Dilthey), marxismo (Marx, Goldmann, Maltus, Sismondi).

MÉSZÁROS, István. *O poder da ideologia*. São Paulo: Ensaio, 1996.

O autor analisa, a partir de autores como Weber, Raymond Aron, Adorno, Marcuse, Habermas e Merleau-Ponty, temas como o universalismo ocidental, a modernização, as soluções tecnológicas para os problemas sociais.

MÉSZÁROS, István. *Filosofia, ideologia e ciência social*. São Paulo: Ensaio, 1993.

A partir de autores como Weber, Parsons, Keynes, Kant e Hegel, o autor analisa várias formas de ideologia – religião, política e arte – e a ideologia presente na conscientização do conflito social.

RICOEUR, Paul. *A ideologia e a utopia*. Trad. Thiago Martins e Sílvio Rosa Filho. São Paulo: Autêntica, 2015.

O autor conjuga utopia e ideologia a partir de uma releitura de autores como Marx, Althusser, Weber, Geertz e Habermas, em confronto com a Psicanálise, a Linguística, a crítica literária, as teorias sociais e a História.

THOMPSON, John. *Ideologia e cultura moderna*. Trad. P. A. Guareschi. Petrópolis: Vozes, 1995.

A partir da análise da relação entre ideologia e cultura, o autor elabora uma teoria social da comunicação de massa.

Impresso por :

gráfica e editora
Tel.:11 2769-9056